3 Minuten-Geschichten

für gute Träume

gondolino

FSC
www.fsc.org
MIX
Papier aus verantwortungsvollen Quellen
FSC® C109273

ISBN: 978-3-8112-3537-3
1. Auflage 2020

Umschlagillustration: Marina Krämer
Umschlaggestaltung: Jennifer Wunderwald
Printed in the EU

Der Umwelt zuliebe gedruckt auf chlorfrei gebleichtem Papier.

www.gondolino.de

Inhalt

Traumgeschichten von der Familie Hase

Traumgeschichten von der Wilden Feuerwehr

Traumgeschichten von der kleinen Nixe

Fantasiereisen zum guten Einschlafen

Traumgeschichten von der Familie Hase

Hasengeburtstag

Hupsi, Hasi und Lupinchen sind Hasendrillinge und haben heute Geburtstag. Hupsi und Lupinchen singen: „Hasi in der Grube sitzt und schläft, sitzt und schläft, armes Häschen, bist so krank, dass du nicht mehr hüpfen kannst?"

„Ich bin nicht krank", ärgert sich Hasi. „Ich hab nur überlegt, was wir uns zum Geburtstag wünschen."

„Natürlich Geschichten, was denn sonst?", sagen die Geschwister.

„Au ja", schnauft Hupsi. „Gute Idee!"

Hupsi, Hasi und Lupinchen hoppeln ins Nest.

Familie Hase wohnt unter einem Weißdornstrauch im Brombeerdickicht. Da haben sie es sicher und gemütlich. Alles ist mit Hasenhaar und Heu gepolstert.

„Los, Hasi, hüpf, da kommen unsere Gäste!", ruft Hupsi.

Es sind Oma und Opa Wackelzahn, Onkel Mümmel und Tante Mümmeline, Kusine Flippi-Floppi und Meister Lampe.

„Nur immer hereinspaziert", sagt Papa Hase. „Zum Geburtstag gibt es Kohlkopftorte und Karottenkaffee."

„Und was kriegen wir geschenkt? Wir wollen viele Geschichten haben", rufen Hupsi, Hasi und Lupinchen.

„Seid nicht so ungeduldig", sagt Mama Hase.

„Geht raus zum Spielen, Kinder", sagt Papa Hase. „Wir Großen wollen erst in aller Ruhe unseren Kaffee trinken."

„Vergesst die Geschichten nicht", rufen die Hasenkinder und hopsen davon – jedes in eine andere Richtung.

Eine Geschichte für Hasi

Draußen begegnet Hasi Robert. Robert ist ein Rabe. „Ich hab heute Geburtstag", sagt Hasi. „Erzählst du mir eine Geschichte?"

„Ausnahmsweise", sagt Robert Rabe. „Also, ich mag Hasen gerne und hab sogar mal einen gerettet. Der Hase hieß Herbert. ‚Ach, wenn ich doch nur fliegen könnte', seufzte Herbert immer und starrte dabei in den Himmel.

Herbert war nicht blöd. Er wusste ganz genau, dass man nur mit Flügeln fliegen kann. Deshalb sammelte er Federn: schwarze von Raben, weiße von Gänsen, gestreifte von Habichten und grün schillernde Entenfedern.

Dann bastelte er sich eine tolle Flugmaschine. Als er damit fertig war, stieg er auf den höchsten Berg und schnallte sich das Gerät an.

Ein Adler, der in seinem Felsennest saß, lachte sich schief und krumm: ‚Haha, ein Hase will fliegen, haha!'

‚Na, warte', dachte Herbert. ‚Dir werd ich's zeigen.'

Er nahm Anlauf, breitete die Flügel aus und – flog. Jawohl, Herbert, der Hase, segelte elegant in den Lüften.

Das hielt der Adler nicht aus. Er wollte ihn fangen und streckte schon seine gierigen Krallen aus, da schlug Herbert einen Haken in der Luft. Er kam ins Trudeln und stürzte ab.

Aber ich flog unter ihn und hab ihn gerettet, den tapferen Flughasen, weil ich Adler nun mal nicht leiden kann."

„Das war eine spannende Geschichte", sagt Hasi und hüpft weiter.

Eine Geschichte für Hupsi

Hupsi rennt sofort zur Sandkuhle und macht ein Häufchen, lauter kleine Hasenperlen.

„He“, schreit jemand. „Kack woanders hin!“

Hupsi dreht sich total erschrocken um.

Eine kleine Eidechse gräbt sich aus dem Häufchen raus. „So eine Unverschämtheit!“, schimpft Elli Eidechse. „Früher hättest du dir das nicht erlauben dürfen.“

„Warum nicht?“, fragt Hupsi. „Erzählst du's mir?“

Elli Eidechse züngelt: „Früher, ganz früher, waren die Echsen die Herrscher der Welt.

Wir waren riesengroß, höher als der Wald, und stark. Der Boden zitterte, wenn unser König Tyrannosaurus Rex daherkam.“

„Das kann ich auch“, sagt Hupsi und klopft mit den Hinterpfoten auf den Sand.

Der Boden zittert. „Hör auf!“, zischt Elli. „Jetzt weiß ich nicht mehr weiter.“

„Warum seid ihr heute so klein?“, erinnert Hupsi sie.

„Wir haben damals alles aufgefressen, was es zu fressen gab: Hasen, Gemüse, Obst und so. Zum Schluss fraßen wir uns gegenseitig.“

Hupsi schaudert.

„Nur ein paar ganz winzige Saurier, so wie ich, sind übrig geblieben.“

„Da siehst du's mal wieder“, sagt Hupsi. „Klein sein ist das Größte.“

„Genau“, sagt Elli Eidechse. „Übrigens: Alles Gute zum Geburtstag! Aber das nächste Mal kuckst du dich vorher um, wenn du musst, klar?“

„Alles klar“, lacht Hupsi.

Eine Geschichte für Lupinchen

Lupinchen begegnet einer Schnecke. „Hallo, ich bin Lupinchen, erzählst du mir eine schöne Geburtstagsgeschichte?"

„Ich kannte mal ein Häschen", fängt die Schnecke an, „das hieß Lupinchen wie du. Es wollte seine Oma besuchen, die ganz allein hinterm Wald wohnte.

Und in dem Wald lebte eine Fee. Es war eine grüne Fee. Sie sah aus wie eine kleine Paprikaschote. ‚Komm mit', sagte die Fee. ‚Ich schenk dir süßen Klee.'

Aber Lupinchen wollte ihre Oma nicht warten lassen. ‚Tut mir leid, keine Zeit', sagte Lupinchen.

Da säuselte die Fee: ‚Oder willst du tolle Ohrenwärmer?'

‚Nein!', sagte Lupinchen.

Aber die Fee ließ nicht locker. ‚Möchtest du vielleicht Karotten?' Sie drückte Lupinchen ganz fest an sich. Jetzt hatte Lupinchen genug.

‚Lass mich in Ruh!', rief sie und zwickte die Fee.

‚Aua', schrie die Fee. ‚Du bist gemein!'

‚Bin ich nicht', sagte Lupinchen empört. ‚Ich muss mich doch wehren.'

‚Stimmt eigentlich', sagte die Fee. ‚Ich bin manchmal echt etwas anstrengend. Musst du wirklich schon gehen? Ich bin nämlich so allein.'

‚Komm doch mit zu meiner Oma', sagte Lupinchen.

‚Gute Idee!', sagte die Fee.

Die Oma mochte die Fee auf Anhieb. Da waren alle beide nicht mehr allein.

Lupinchen hoppelte froh nach Hause."

„Das tu ich jetzt auch", sagt das Geburtstags-Lupinchen. „Tschüss, Schnecke! Und einen schönen Tag wünsch ich dir."

Ein tüchtiger Hochsee-Hase

Hupsi, Hasi und Lupinchen kommen gleichzeitig nach Hause. Die Großen sind mit dem Kaffeetrinken fertig.

Onkel Mümmel sagt: „Jetzt spitzt mal die Löffel! Ich kannte einen Hasen, der hatte Wald und Wiese satt. Er hieß Hänschen Hase und wollte aufs weite Meer hinaus.

Wenn man aufs Meer will, fährt man am besten mit einem Schiff, dachte Hänschen Hase.

Er saß am Bach, stundenlang, tagelang, aber kein Schiff kam vorbei. ‚Mist!', schimpfte Hänschen und hoppelte zum Biber. Der kannte sich mit Holz gut aus. ‚Biber, baust du mir ein Schiff?', fragte Hänschen.

‚Na klar', sagte der Biber. ‚Soll's hochseetüchtig sein?'

‚Hoch- oder Tiefsee', sagte Hänschen lässig, ‚Hauptsache tüchtig.'

Der Biber nagte ein paar Bäume ab und baute ein tüchtiges Schiff.

Hänschen fuhr los, den Bach runter und, schwups, rein in den Fluss. Den Fluss runter und, schwapp, rein in den Strom. Bis Hänschen Hase eines Nachts, wappel-schwappel, im Meer schaukelte. Der Mond schien auf die Wellen.

Jetzt bin ich auf dem weiten Meer, dachte Hänschen, und was nun?

Da kam ein anderes tüchtiges Schiff, in dem saßen zwei Matrosen. Der eine spielte Bassgeige und der andere trommelte auf einem Blecheimer.

‚Uns fehlt noch ein Hase, der Trompete spielt', sagten sie. ‚Machst du mit?'

‚Na klar', sagte Hänschen. ‚Da mach ich mit.'

Hänschen Hase lernte Trompete spielen und wurde ein tüchtiger Hochsee-Hase."

Zorro, der Zauberer

Tante Mümmeline nimmt noch einen Schluck Kaffee und macht es sich bequem. „Ich weiß auch eine Geschichte: Zorro war ein großer weißer Hase mit einem schwarzen Fleck auf dem linken Auge und er war ein Zauberer, viel besser als Herr Müller. Der holte Zorro jeden Abend aus seinem schwarzen Zylinder.

‚Rein in den Zylinder, raus aus dem Zylinder', sagte Zorro, ‚das langweilt total. Und überhaupt, ich hasse es, an den Ohren zu hängen!'

‚Sei doch nicht so empfindlich', lachte Herr Müller.

Na warte, dachte Zorro. Du wirst dich noch wundern.

Am Abend ging der rote Vorhang wieder auf. Doch als Herr Müller seine berühmte Hasennummer zeigen wollte, kam kein Zorro aus dem Zylinder.

‚Buh!', riefen die Leute.

Plötzlich hoppelte Zorro auf die Bühne, schnappte sich den Zauberstab und zauberte Herrn Müller weg.

Wo war er nur geblieben? Zorro grinste geheimnisvoll, fasste in den Zylinder und zog einen winzigen Herrn Müller heraus. Er hielt ihn an den Ohren hoch und die Leute klatschten wie verrückt.

‚Du hast recht', sagte Herr Müller nachher zu Zorro. ‚An den Ohren zu hängen ist das Letzte. Ich werde dich nie wieder hängen lassen.'

Aber er kam gar nicht dazu. Die Leute wollten nur noch Zorro, den großen weißen Hasen mit dem schwarzen Fleck auf dem linken Auge, zaubern sehen.

Zorro wurde der beste und berühmteste Zauberhase auf der ganzen Welt."

Der Gespensterhase

„Als ich noch jung war“, erzählt Opa Wackelzahn, „bin ich mal einem Gespenst begegnet.“

„Einem echten?“, fragt Hasi. Opa Wackelzahn nickt. „Es war eine stürmische Nacht. Ich hatte mich verirrt. Der Regen prasselte mir aufs Fell, und Blitz und Donner tobten. Da sah ich eine Burgruine. Ich fand ein trockenes Plätzchen unter einem Felsen. Plötzlich machte es: ‚Uhuuu!‘ Mir standen die nassen Haare zu Berge. Ein Hase, so weiß wie ein Bettlaken, spukte herum.

‚Ich habe es satt‘, jammerte er. ‚ich mag kein Gespenst mehr sein.‘

‚Warum nicht?‘, fragte ich. ‚Das ist doch sicher spannend.‘

‚Es langweilt mich‘, heulte der Gespensterhase. ‚Ein Gespenst kann nichts fühlen, nichts schmecken und auch nichts mehr riechen.‘

‚Das ist allerdings schlimm‘, sagte ich, wo's hier doch so gut riecht. Nach Regen und frischer Erde und, schnüffel-schnüffel, nach Zuckerrüben.‘

‚Zuckerrüben?‘, kreischte das Gespenst. ‚Wenn's nach Zuckerrüben riecht, bin ich erlöst!‘ Dann krachte es fürchterlich, und der Gespensterhase verschwand auf Nimmerwiedersehen. Die Burgruine wackelte stürzte zusammen und war verwandelt.“

„In was denn?“, fragt Hasi.
„In einen Haufen Zuckerrüben“, lacht Opa Wackelzahn.

„Ja, so war das“, sagt Oma Wackelzahn zufrieden und leckt sich die Lippen. „Wir haben jahrelang von den Zuckerrüben gelebt.“

Hase und Igel

Oma Wackelzahn, du bist dran", sagen die Hasenkinder.

„Ich kenne die wahre Geschichte von Hase und Igel", sagt Oma, „und die geht so: Es war einmal ein Igel, so ein Wichtigtuer. Der traf eines Tages meinen Urgroßvater Johann auf dem Kohlacker und sagte: ‚Wetten, Herr Johann, dass ich schneller laufen kann als Ihr!'

‚Niemals', rief Johann. ‚Bei meiner Ehre!'

‚Und Eurem Schwänzchen', sagte der Igel. ‚Das darf ich Euch ausreißen, wenn ich gewinne.'

‚Topp, die Wette gilt', sagte mein Urgroßvater und erzählte zu Hause alles meiner Urgroßmutter Sofie.

‚Der Igel will dich austricksen', sagte sie.

‚Potz Blitz, aber wie?'

‚Das lass meine Sorge sein', sagte Sofie und versteckte sich beim Dorfbrunnen.

Da stand die Frau des Igels und kicherte. ‚Mein Mann und ich sehen aus wie Zwillinge', sagte sie zu Frau Eichkatz. ‚Ich werde mich einfach beim Ziel verstecken und wenn der doofe Hase endlich kommt, rufe ich: Bin schon da!'

Na warte, dachte meine Urgroßmutter und ging Schnecken sammeln. Dann spazierte sie hinter dem Ziel herum und rief: ‚Huch, so viele Schnecken, das ist ja gruselig!'

Die Igelin konnte nicht anders: Sie lief aus dem Ziel heraus, von einer Schnecke zur anderen, und schmatzte sie alle weg.

So kam's, dass mein Urgroßvater Johann Hase die Wette gewann. Und Ehre und Schwänzchen behielt. Jawohl!"

ZIEL

Billy im Mond

Jetzt erzählt Papa Hase: „Billy war ein amerikanischer Hasenjunge. Er wollte so gerne zum Mond. Billy war richtig mondsüchtig. Jede Nacht lief er durch die Gegend und guckte in den Mond. War da nicht jemand, der ihn rief?

‚Ich komme!', sagte Billy und sprang so hoch, wie er nur konnte. Und, rumms, knallte er an einen Baum. Autsch, schon wieder eine Beule.

Am nächsten Tag fragte sein Papa: ‚Na, Billy, hast du wieder mal in den Mond geguckt? Weißt du, zum Mond kommt man nur mit einer Rakete.'

‚Ach so', gähnte Billy und ging ins Bett. Er verschlief den ganzen Tag, weil in den Mond gucken und an Bäume rumsen so müde machen.

Eines Nachts sah Billy mal wieder nichts anderes als den Mond. Der strahlte und tauchte die ganze Welt in ein silbernes Licht. Rumms, knallte Billys armer Kopf an einen silbernen Baum. Nein, kein Baum, eine Rakete! Billy war zufällig auf einem Raketenstartplatz gelandet. Das ist meine Chance, dachte er und schlüpfte hinein. Los ging's! Billy verschlief die lange Reise und als die Rakete gelandet war, sprang er hinaus. Es war wunderbar: alles silbern und keine Bäume zum Hinrumsen. Billy sprang vor Freude zehn Meter hoch. Und wer sprang ihm da entgegen? Ein silbernes Hasenmädchen!

‚Endlich bist du da, Billy', sagte es und machte einen Freudensprung. Seitdem hüpfen zwei kleine Hasen auf dem Mond herum."

Sonne auf dem Bauch

Ich kenne ein Häschen", sagt Mama plötzlich, „das ist ein Daumenlutscher-Häschen."

Hupsi zieht sofort seinen Daumen aus dem Mund. „Aber Daumenlutschen ist schön, Mama. So schön wie Sonne auf dem Bauch."

„Gut gesagt", meint Meister Lampe. „Ich kannte mal einen Hasen, der ließ sich den ganzen Tag die Sonne auf den Bauch scheinen.

‚So ein Faulpelz!', sagten die Leute.

Aber sie wussten nicht, dass Hugo Klecksel die ganze Nacht Ostereier anmalte. Er malte die Sonne."

„Mit Gelb", sagt Hupsi.

„Ja, mit Gelb und mit Gold. Dann malte er den Himmel dazu."

„Mit Blau", sagt Hasi.

„Ja, mit Blau und mit Weiß."

„Weiß wie die Wolken", sagt Lupinchen.

„Genau", sagt Meister Lampe.

„Und Rot und Rosa und Lila", fragt Kusine Flippi-Floppi, „was malte er damit?"

„Ein dickes Herz", antwortet Meister Lampe.

Hupsi nuckelt nachdenklich am Daumen. „Und wie ist es dann mit Hugo Klecksel weitergegangen?"

„Gut", sagt Meister Lampe, „sehr gut. Hugo Klecksel war der beste Ostereiermaler seiner Zeit. Alle Kinder, die an Ostern seine Eier fanden, waren Glückskinder."

Hupsi lacht. „Meister Lampe, dein Daumen!"

Meister Lampe wird rot und zieht sofort den Daumen aus dem Mund. „Es ist tatsächlich wie Sonne auf dem Bauch", lächelt er verlegen.

Zitronen-Lilly

Da fällt mir noch eine Geschichte ein", sagt Tante Mümmeline.

„Erzähl doch", rufen die Hasenkinder.

„Na gut", sagt Tante Mümmeline. „Es ist die Geschichte von Zitronen-Lilly. Das war eine junge Häsin, die wollte so gerne berühmt werden, am liebsten als Opernsängerin. Nur mit der Stimme haperte es. Die Hasen hielten sich die Ohren zu, wenn

Lilly übte: ‚Alle Häschen sind schon da ...'

‚Hör auf, das tut ja weh!', stöhnten sie.

Lilly war voll beleidigt und wanderte einfach aus. Sie hoppelte nach Italien. Dort lernte sie das Schlagersingen.

Einmal saß Lilly unter einem Zitronenbaum und übte ‚O sole mio', das heißt ‚Oh meine Sonne'. Das ist eigentlich ein sehr schönes Lied, aber die Zitronen zitterten und plumpsten entsetzt vom Baum.

Der Zitronenbaum-Besitzer sah das und war furchtbar froh. Nun musste er nicht mehr mühsam mit der langen Leiter in seine Bäume steigen und Stück für Stück die Zitronen pflücken. Zitronen-Lilly sang sie einfach vom Baum.

Jede Zitrone wurde dann in ein buntes Seidenpapier gewickelt, auf dem das Bild von Lilly zu sehen war. Endlich war sie berühmt.

‚Kennt ihr das Land, wo die Zitronen blühn?', singen auch heute noch viele Leute. ‚Es ist das Land, wo Lilly singt so kühn.'" Und Tante Mümmeline trällerte es vor. „Hör auf!", rufen die Hasenkinder. „Das tut ja in den Ohren weh."

Balletthäschen

Kusine Flippi-Floppi erzählt: „Als ich klein war, wollte ich so gerne ein Balletthäschen werden, im rosa Röckchen und auf der Spitze tanzen und so.

Ich ging jeden Tag auf die kleine, versteckte Waldwiese. Dort übte ich heimlich und tanzte so lange, bis mir die Luft ausging.

Zum Schluss verbeugte ich mich immer tief.

Einmal rief jemand: ‚Bravo, super, einsame Spitze!', und klatschte Beifall. Es war Freddy Fuchs.

Ich bekam die Krise und dachte, gleich frisst er mich.

Aber Freddy wedelte freundlich mit seinem roten Schwanz und sagte: ‚Tanz noch mal, du süßes Balletthäschen. Es ist so schön, dass man es kaum aushält. Außerdem hab ich gerade Gans gegessen und bin pappsatt.'

Das stimmte, denn er hatte einen dicken fetten Bauch.

Freddy Fuchs grinste und sagte dann: ‚Es wäre viel zu schade, dich mit einem einzigen Happs zu schnappen. Wollen wir Freunde sein?'

Ich nickte.

‚Gib mir deine Hand und versprich es!', sagte Freddy.

So ein Gauner! Der wollte mich ja doch schnappen. Nein, so blöd war ich nicht. Ich hielt Abstand, mindestens 3 Meter.

Freddy Fuchs kam von da an jeden Nachmittag von zwei bis drei, außer donnerstags, wenn ich Blockflötenunterricht hatte, und schaute mir beim Tanzen zu", sagt Kusine Flippi-Floppi. „Es machte ihm viel Freude. Und mir auch."

Freddy Fuchs will fernsehen

Ich weiß eine Geschichte vom Fuchs", sagt Hupsi und fängt an: „Der Hahn kräht, die Hennen gackern und Freddy Fuchs hat Hunger. Aber der Bauer hat ein Gewehr und der Hühnerhof einen Zaun. Nichts zu machen.

Freddy Fuchs läuft das Wasser im Mund zusammen. Nur ein einziges kleines weißes Hühnchen, denkt er.

‚Putt, putt, putt', macht Freddy Fuchs vor dem Zaun. ‚Putt, putt, putt. Komm her, du kleines Hühnchen!'

Das kleine weiße Hühnchen sagt: ‚Was hast du zu bieten, Freddy? Am liebsten mag ich Weizenkörner.'

Tja, wo krieg ich die jetzt her?, denkt der Fuchs.

‚Wie wär's stattdessen mit einem kleinen Ausflug', schlägt er vor. ‚Ich zeig dir die große weite Welt.'

‚Nein, danke', sagt das kleine weiße Hühnchen. ‚Die große weite Welt kenne ich schon. Wir haben nämlich einen Fernseher im Hühnerhaus. Magst du nicht reinkommen und zuschauen? Jetzt läuft gerade die Sendung mit der Maus.'

‚Aber gerne', sagt Freddy Fuchs und freut sich schon.

Das Hühnchen schreit: ‚Bauersfrau, mach die Tür auf, der Fuchs will fernsehen!'

Da kommt die Bauersfrau herausgelaufen und haut Freddy Fuchs ihren Besen auf den Kopf. ‚Aua, aua', jammert er.

Freddy schafft's gerade noch zurück zum Wald. ‚Verflixt, das kleine weiße Hühnchen war zu schlau für mich.'"

Urwaldhasen

Wisst ihr eigentlich", sagt Hasi aufgeregt, „dass es im Urwald so kleine gefährliche Hasen gibt? Im Urwald ist alles grün und duster, nur am Fluss ist es ein bisschen heller.

Dort liegt eines Tages ein altes hungriges Krokodil mit schlechten Augen und merkt nicht, dass ein kleiner Hase von der gefährlichen Sorte an ihm vorbeispaziert. Das Krokodil packt ihn, wirft ihn in die Luft, sperrt das Maul auf und, wusch, landet der kleine Hase direkt im Bauch vom Krokodil.

Dort ist's zappenduster und stinkig, igitt!

Der kleine gefährliche Hase denkt: Wo ist hier der Ausgang? Aber hinten hinaus ist's selbst für ihn zu eng, und vorne ist total zu. Der Hase hoppelt ratlos herum.

‚Hör sofort auf damit', sagt das Krokodil. ‚Sonst krieg ich Magenweh.'

Aha, denkt der kleine gefährliche Hase, so ist das, und trommelt mit seinen Hinterbeinen ganz fest im Bauch des Krokodils herum.

‚Hör aaaauf!', brüllt das Krokodil mit weit aufgesperrtem Maul, und der kleine gefährliche Hase hüpft zwischen den Tausend Zähnen hinaus ins Freie.

‚Ätsch-bätsch. Du hast mich nicht gekriegt!' Da wird das Krokodil so zornig, dass es mit seinem Schwanz auf einen Baumstamm schlägt. Der fällt um und ihm voll auf die Schnauze. Rumms. Da fallen dem Krokodil sämtliche Zähne aus. Es kann in Zukunft nur noch Wasserlinsenbrei schlabbern."

Hasi lacht. „So gefährlich sind im Urwald die kleinen Hasen. Und die Geschichte ist wirklich wahr!", sagt er zufrieden.

Gute Nacht!

„Es ist spät", sagt Oma Wackelzahn. „Schaut mal, der Mond scheint schon durchs Weißdorngebüsch. Ich glaube, wir gehen jetzt heim."

„Ja", sagt Opa Wackelzahn. „Es war ein wunderschöner Geburtstag." Alle verabschieden sich.

„Auf Wiedersehen", ruft Papa Hase. „Kommt gut nach Hause!"

„So", sagt Mama Hase. „Und ihr drei geht jetzt marsch ins Bett!"

„Ich bin überhaupt nicht müde", gähnt Hupsi.

Hasi hat plötzlich schrecklichen Hunger.

„Eine allerallerletzte Geschichte", bettelt Lupinchen.

„Wenn ihr eure Zähne geputzt habt", verspricht Mama.

Bald liegen die drei Häschen eng aneinandergekuschelt in ihrem weichen Hasennest. Mama Hase deckt sie zu und sagt: „Es waren einmal drei Hasenkinder, die hatten am selben Tag Geburtstag, denn sie waren Drillinge."

„So wie wir, Mama?", fragt Hupsi.

„Ja, ganz genauso. Sie hatten sich Geschichten gewünscht und die bekamen sie auch. Und dann mussten sie ins Bett."

„Genau wie wir", mault Hasi. „Wenn ich groß bin, geh ich nie, nie ins Bett."

„In Ordnung", sagt Mama. „Und die drei Hasenkinder schliefen ein und träumten die Geschichten weiter."

„Genau wie wir", murmelt Lupinchen.

„Ja, genau wie ihr", flüstert Mama.

Dann gibt sie Hupsi, Hasi und Lupinchen einen Gutenachtkuss. „Und jetzt schlaft gut und träumt schön, ich hab euch so lieb!"

Traumgeschichten von der kleinen Nixe

Spiele am Abend

Es ist Abend geworden. Die Sonne geht unter und das Meer färbt sich dunkelblau. Kleine Nixen müssen jetzt schleunigst ins Bett.

In Wassermanns Haus brennt schon Licht. Und nun geht ein Fenster auf. Papa Wassermann ruft seine jüngste Tochter:

„Melusinchen, komm rein! Es ist höchste Zeit, schlafen zu gehen!"

Aber die kleine Nixe hat gar keine Lust, schon schlafen zu gehen. Sie spielt noch mit ihren Freunden – zwischen den Korallen und Wasserpflanzen rund um ein versunkenes Schiff. Auch unten im Meer sind abends alle Spiele am schönsten.

„Ach bitte, Papa!", ruft Melusinchen. „Meine Freunde dürfen die ganze Nacht draußen bleiben. Ich will auch nicht so früh nach Hause!"

Doch Papa Wassermann schüttelt den Kopf. „Es wird Zeit, Melusinchen! Komm rein!" Damit schließt er das Fenster und öffnet die Tür.

Also, da ist dann wohl nichts mehr zu machen. Aber die kleine Nixe gibt noch nicht ganz auf. „Papa", sagt sie, „dürfen meine Freunde denn wenigstens noch bei und Abendbrot essen?"

Papa Wassermann seufzt. Er kennt das schon. Es ist jeden Abend dasselbe.

„Meinetwegen", sagt er. „Ich hoffe, dass alle satt werden!" „Juchhu!", ruft Melusinchen und pfeift auf zwei kleinen Fingern. Da schwimmen ihre zwölf Freunde herbei – schwimmen ihr nach, durch die Tür, direkt in Wassermanns Haus.

Jetzt geht es ins Bett!

Zum Abendbrot gibt es Algensuppe, gekochte Möweneier, Butterbrot mit Goldfischschuppen, gebackene Würmer und Pudding mit Meerkirschen. Allen schmeckt es sehr gut. Kein Klecks und kein Krümel bleiben übrig.

„So, jetzt geht es aber ins Bett, Melusinchen!", sagt Papa Wassermann.

„Warum?", fragt die kleine Nixe empört. „ich bin noch kein bisschen müde!"

Papa Wassermann lacht. „Das glaube ich nicht! Aber ich glaube ganz sicher, dass deine Freunde nun auch nach Hause müssen."

„Müssen sie gar nicht!", sagt Melusinchen. „Sie sollen sich noch an mein Bett setzen und mir Geschichten erzählen." Papa Wassermann seufzt. Er kennt das schon. Es ist jeden Abend dasselbe.

„Meinetweigen", sagt er „Ich hoffe, dass die Geschichten dich endlich müde machen!" „Das weißt du doch!", ruft Melusinchen. „Zum Müdewerden gibt es nichts Besseres, als Geschichten zu erzählen."

Papa Wassermann nickt und die kleine Nixe schlüpft schnell ins Bett! Da liegt sie weich und bequem. Ihre zwölf Freunde setzen sich darum herum. Jeder hat seinen Stammplatz.

Papa Wassermann kommt noch mal gucken, ob sie auch keinen Unsinn machen, eine Kissenschlacht oder so. Aber alle sind friedlich und brav.

„Dann fangt jetzt an mit euren Geschichten!", sagt Papa Wassermann. „Ich gehe noch auf ein Glas in die Haifischbar."

Die Mondleiter

Die kleine Nixe Melusinchen lässt sich von ihren zwölf Freunden jeden Abend die schönsten Gutenachtgeschichten erzählen. Diesmal beginnt der Seestern:

„Jeden Abend ruft der Mond oben am Himmel die Sterne zusammen und stellt alle an ihren Platz. Manchmal haben die Sterne gar keine Lust, die ganze Nacht still zu stehen. Sie möchten nicht stundenlang nur leuchten. Besonders die kleinen wollen viel lieber noch über den Himmel flitzen und hinter den Wolken Verstecken spielen. Und solange der Mond nicht schimpft, tun sie das auch.

Eines Nachts geschah es, dass ein besonders wilder kleiner Stern mitten im schönsten Flitzen und Spielen zwischen zwei Wolken hindurchrutschte. Er fiel auf die Erde hinab, mitten ins Meer. Der kleine Stern sank immer tiefer, konnte sich nirgendwo festhalten und kam erst ganz unten zur Ruhe.

Zum Glück hatte der Mond, der auf alle Sterne gut achtgibt, das Unglück bemerkt. Und zum Glück wusste er gleich einen Rat. Er flocht aus seinen hellsten und stärksten Strahlen eine lange Leiter und ließ sie ins Meer hinab. Tiefer und tiefer! Das dunkle Wasser wurde ganz silbern davon.

Der kleine Stern, der zu Tode erschrocken unten auf dem Meeresgrund lag, atmete auf. Sobald die Leiter den Boden berührte, schwamm er hin und kletterte Stufe für Stufe hinauf.

Der Weg war weit und das Klettern sehr anstrengend.

Aber um Mitternacht hatte der kleine Stern es endlich geschafft. Brav stellte er sich an seinen Platz. Er nahm sich vor, von nun an nicht mehr so wild zu toben. Oder jedenfalls besser aufzupassen!"

Die Maus und die Perle

Die nächste Geschichte erzählt die Muschel. Und diese Geschichte geht so:

„Weit, weit von hier lebte einmal eine Prinzessin. Die besaß eine Menge kostbaren Schmuck aus Gold und aus Silber, mit funkelnden Edelsteinen besetzt. Die Prinzessin liebte all ihre Ringe, Reife, Armbänder und Broschen. Doch am allerliebsten hatte sie eine Halskette aus schimmernden Perlen.

Eines Tages – oh Schreck! – zerriss die Schnur der Kette und die Perlen rollten überallhin. Alle suchte und fand man wieder. Nur eine war in ein Mauseloch gerutscht und blieb trotz aller Mühe verschwunden.

Die Prinzessin weinte bitterlich, Tage und Nächte hindurch.

Das hörte die Maus, die in dem Mauseloch wohnte. Es war eine ziemlich arme Maus, die sich mühsam von heruntergefallenen Brotkrümeln und Käsebröckchen ernährte. Und obwohl sie die schöne Perle gern behalten hätte, rollte sie sie schließlich hervor und gab sie der Prinzessin zurück.

Da war die Freude groß. Die Prinzessin ließ alle Perlen gleich wieder auffädeln und sorgfältig verknüpfen. Dann legte sie sich die Kette um und betrachtete sich glücklich im Spiegel.

Die Maus aber musste nie mehr in ihr Mauseloch zurück. Sie durfte vom Tisch und vom Teller der Prinzessin die köstlichsten Speisen knabbern. Sie durfte in ihrem seidenen Bett schlafen. Sie durfte im schattigen Park mit ihr spielen und in der goldenen Kutsche mit ihr spazieren fahren, solange sie lebte.“

Keine Angst, kleiner Fisch!

Die nächste Geschichte erzählt der Stachelfisch. Und diese Geschichte geht so:

„Mitten im großen blauen Meer lebte einmal ein kleiner silberner Fisch. Der fürchtete sich vor den scharfen Zähnen der Haie und vor den großen Mäulern der Wale und vor den langen Armen der Kraken.

Der kleine silberne Fisch war einmal am Haus des Wassermanns vorübergeschwommen. Dort hatte er in einer blanken Fensterscheibe sein Spiegelbild entdeckt.

Seitdem nahm er vor den Haien, den Walen und den Kraken lieber Reißaus. Er versteckte sich auf dem Meeresgrund in einer Felsenhöhle. Und der kleine Fisch kam nur heraus, wenn er es vor Hunger nicht mehr aushalten konnte.

So vergingen viele Tage, Wochen und Monate. So verging endlich ein ganzes Jahr. Da schwamm der kleine silberne Fisch in einer hellen Mondnacht, als die Haie, die Wale und die Kraken zu einem Piratenschiff unterwegs waren, wieder am Haus des Wassermanns vorbei. Wieder spiegelte er sich in einer blanken Scheibe.

Und was entdeckte er diesmal? Na, so eine Überraschung! Es waren ihm viele lange, spitze Stacheln gewachsen. Die Stacheln schützten seinen nackten, empfindlichen Leib. Glücklich spiegelte sich der kleine silberne Fisch ein paarmal in der blanken Scheibe.

Dann machte er sich auf den Heimweg. Und all die Haie, die Wale und die Kraken, die er unterwegs traf, schwammen einfach vorbei und sagten freundlich: ‚Hallo!'"

Die Gespensterzwillinge

Die nächste Geschichte erzählt die Qualle. Und diese Geschichte geht so:

„Oben auf der Erde gibt es einen hohen Berg. Darauf steht ein uraltes Schloss. Darin wohnte einmal eine Gespensterfamilie – Vater, Mutter und zwei Kinder. Die Kinder waren Zwillinge und sahen sich so ähnlich, dass man sie kaum auseinanderhalten konnte. Und weil sie, wie alle Gespenster, nur weiße Kleider tragen durften, wurden die beiden oft verwechselt. Sogar von ihren eigenen Eltern.

Mit der Zeit hatten die Zwillinge ihre Ähnlichkeit und ihre Kleider gründlich satt. Sie beschlossen also, etwas dagegen zu tun. Auf alle Fälle gegen die Kleider.

Noch am selben Abend schwebte das eine Gespensterkind in den Schlosshof hinunter. Dort saß ein Maler vor der Rosenhecke und malte im letzten Tageslicht mit Pinsel und Farbe ein Bild voll herrlicher Blüten.

‚Mal mir mein weißes Kleid so rot wie diese Rosen!', verlangte das kleine Gespenst. Und der Maler gehorchte.

Nicht lange danach kam das andere Gespensterkind und verlangte ebenfalls: ‚Mal mir mein weißes Kleid so rot wie diese Rosen!' Auch diesmal gehorchte der Maler.

Um Mitternacht trafen sich die beiden Gespensterkinder auf der Schlosstreppe. Zuerst kriegten sie einen Schreck. Dann mussten sie lachen.

Endlich stellten sie sich vor einen Spiegel. Darin sahen sie sich so ähnlich wie immer. Aber ihre rosenroten Kleider gefielen ihnen viel besser als die langweiligen weißen von früher."

Im Garten der Meerhexe

Die nächste Geschichte erzählt die Seespinne. Und diese Geschichte geht so:

„Weit, weit von hier wohnt die böse Meerhexe in einer felsigen Höhle. Vor der Tür hat sie einen großen Garten mit vielen bunt blühenden Pflanzen. Die bewegen sich im Wasser sacht hin und her und locken die Fische an – die großen und die kleinen, die runden und die platten, die dummen und die schlauen.

Die böse Meerhexe wartet nur darauf, dass die Fische in ihren Garten kommen und an den saftigen Pflanzen knabbern. Wenn dann genug im Garten versammelt sind, wirft sie leise, ganz leise, ein riesiges Netz aus und zieht es schnell in die Höhle.

Die Fäden für dieses Netz hat sie selbst gesponnen. Die Maschen hat sie mit ihren eigenen Händen gewebt. Das Netz ist stark und fest und kein Fisch der Welt kann es zerreißen.

Einmal aber geriet mit den Fischen auch ein Krebs in das Netz der Meerhexe. Der war anfangs vor Schreck wie gelähmt und wehrte sich nicht, als sich die Fäden zusammenzogen. Aber im letzten Augenblick, als die Hexe das Netz eben in die Höhle ziehen wollte, erinnerte er sich an seine Scheren und lachte.

‚Keine Angst, liebe Fische!', rief er und ging sofort an die Arbeit. Ratsch!, machte es. Und wieder: Ratsch! Schon öffnete sich ein Loch. Es wurde größer und breiter und ließ alle Fische hinaus. Na klar, den Krebs auch! Die böse Meerhexe ballte die Fäuste und schimpfte hinter ihm her."

Achtarm

Die nächste Geschichte erzählt der Krake. Und diese Geschichte geht so:

„Ich heiße Achtarm. Alle nennen mich so, weil ich acht Arme habe. Ich bin sehr zufrieden damit. Doch ich muss gestehen, dass das nicht immer so war.

Früher schämte ich mich, weil ich fast nur aus Armen bestehe. Ich verkroch mich tagsüber am liebsten in meiner Felsenhöhle und kam erst abends heraus.

Einmal schwamm ich in der ersten Dämmerung zu einem versunkenen Schiff. Dort traf ich die kleine Nixe Undinchen. Sie hatte in dem Schiff eine Menge kostbaren Schmuck gefunden. Undinchen war nun sehr betrübt, weil sie nicht wusste, wie sie den nach Hause bringen sollte. Der Schmuck war nämlich ziemlich schwer.

Ich überlegte nicht lange, sondern streckte gleich meine acht Arme aus. An denen war reichlich Platz für all die blitzenden Ketten, Reife und Ringe. Undinchen begriff das sofort und klatschte erfreut in die Hände. Danach streifte sie mir immer neue Schmuckstücke über. Ich musste nichts tun als stillhalten.

Erst als ich beim besten Willen nichts mehr tragen konnte, gab die kleine Nixe endlich Ruhe. ‚Jetzt trag mir die Sachen heim!', sagte sie und machte sich flink auf den Weg zu ihrem Häuschen. Ich folgte ihr langsam und vorsichtig und passte auf, dass ich kein Ringlein verlor.

Seitdem ist die Nixe Undinchen meine Freundin. Darüber bin ich sehr froh. Acht Arme sind gar nicht so schlecht. Man muss sie nur richtig gebrauchen!"

Der verzauberte Fisch

Die nächste Geschichte erzählt der Kugelfisch. Und diese Geschichte geht so:

„Im Schloss über dem Meer lebte einmal ein Prinz. Für den gab es nichts Schöneres als seinen Fußball. Er spielte damit, wo er ging und stand. Einmal nahm er ihn mit ans Meer und dribbelte ihn stundenlang über den Strand.

Abends schoss er seinen Ball vor lauter Müdigkeit ins Meer. Weit, weit hinaus! Der Prinz war ganz verzweifelt, denn er konnte nicht schwimmen.

Plötzlich steckte ein großer Fisch seinen Kopf aus dem Wasser und fragte: ‚Was gibst du mir, wenn ich dir deinen Ball zurückhole?'

‚Was willst du denn haben?', fragte der Prinz zurück.

‚Einen Kuss!', sagte der Fisch.

Der Prinz fand das nasse Tier ausnehmend hässlich. Aber weil er seinen Ball unbedingt wiederhaben wollte, knurrte er: ‚Meinetwegen.'

Da tauchte der Fisch ins Meer, schwamm eilig weit, weit hinaus und holte den Fußball an Land. Der Prinz überlegte, ob er seinen Fußball nehmen und einfach weglaufen sollte. Doch weil er ein ehrlicher Kerl war, schloss er die Augen und küsste den Fisch auf sein grässliches Maul.

Im selben Moment gab es einen lauten Knall ... Und als der Prinz seine Augen aufmachte, hatte sich der hässliche Fisch in ein nettes Mädchen verwandelt. Es sagte: ‚Wenn du Lust hast, können wir Fußball spielen.'

Natürlich hatte der Prinz große Lust! Er nahm das Mädchen mit auf sein Schloss und spielte jeden Tag mit ihm Fußball. Von morgens bis abends."

Das fliegende Schiff

Die nächste Geschichte erzählt der Aal. Und diese Geschichte geht so:

„Ich nehme an, ihr habt alle schon von Fiete Flunkerfix gehört, dem berühmtesten Kapitän aller Zeiten. Niemand hat so tolle Abenteuer erlebt wie er. Einmal geriet Fiete Flunkerfix mit seinem Segelschiff, der Windsbraut, in einen gewaltigen Sturm. Dem Kapitän lachte das Herz. Er liebte nichts so sehr wie gewaltige Stürme und haushohe Wellen.

Er holte die Segel nicht ein, sondern sah zu, wie sie sich blähten und die Windsbraut immer schneller über die wogende See trugen – bald tief hinab, bald hoch hinauf. Der Mast knarrte und ächzte, aber er brach nicht!

Die Matrosen banden sich mit Stricken an die Reling, damit sie nicht über Bord gingen. Die beiden Schiffsjungen verkrochen sich unter dem Rettungsboot. Der Kapitän aber hielt das Steuer fest in der Hand und seine Pfeife fest zwischen den Zähnen.

Immer schneller wurde die Fahrt. Bald sank die Windsbraut nicht mehr in die Wellentäler hinab, sondern glitt einfach darüber hinweg. Sie flog von Woge zu Woge. Sie flog … Ja, wirklich – sie flog! Federleicht hob sie sich aus dem schäumenden Meer, stieg höher und höher hinauf, bis ihre Segel die Wolken berührten.

Fiete Flunkerfix ließ das Steuer nicht los. Er lenkte sein Schiff durch die sausende Luft über Afrika hinweg bis zum Indischen Ozean. Da legte sich der Sturm endlich. Die Windsbraut senkte sich und kam auf sanften Wellen zur Ruhe."

Schwimm, kleiner Pinguin!

Die nächste Geschichte erzählt die Seeschnecke. Und diese Geschichte geht so:

„Am südlichen Eismeer wohnte einmal ein kleiner Pinguin, der ging immer zu Fuß und kam nur sehr langsam vorwärts. Er war noch nie im Wasser gewesen. Also konnte er auch nicht schwimmen. Davon war er fest überzeugt.

Wenn seine Eltern munter durch die Wellen tauchten, stand der kleine Pinguin traurig am Ufer und sah ihnen sehnsüchtig nach.

„Schwimm, kleiner Pinguin!", riefen sie ihm zu. „Versuch es einfach! Du kannst es bestimmt!"

Aber der kleine Pinguin traute sich nicht.

An einem strahlend blauen, eiskalten Tag ging er ganz allein am Strand entlang – Patsch! Patsch! – mit seinen kurzen Beinen und seinen kleinen Füßen. Da hörte er über sich plötzlich ein gewaltiges Rauschen. Als er erschrocken hinaufblickte, sah er einen großen Vogel. Der zog immer engere Kreise und senkte sich tiefer und tiefer herab.

Der kleine Pinguin wusste sofort, dass er sich vor dem großen Vogel so schnell wie möglich in Sicherheit bringen musste. Aber wie sollte er das – mit seinen kurzen Beinen und seinen kleinen Füßen?

Er wartete nicht, bis ihm die richtige Antwort einfallen würde. Er stürzte sich einfach ins Meer, tauchte ein, tauchte unter und konnte auf einmal schwimmen. Er bewegte sich so leicht und schnell, wie ihm das an Land nicht gelingen wollte. Und er war so glücklich wie niemals zuvor."

Ein Ball am Strand

Die nächste Geschichte erzählt die Robbe. Und diese Geschichte geht so:

„Als ich noch klein war, fand ich eines Tages am Strand einen bunten Ball. Zuerst betrachtete ich ihn von allen Seiten. Dann stupste ich ihn mit meiner Nase. Und schließlich begann ich, mit ihm zu spielen. Das machte mir großen Spaß. Der Ball war leicht und fest und tat alles, was ich wollte. Ich hatte noch nie ein schöneres Spielzeug gehabt.

Abends versteckte ich den Ball hinter ein paar großen Steinen. Am nächsten Morgen holte ich ihn gleich wieder hervor und begann aufs Neue zu spielen.

Nach einer Weile bemerkte ich ein kleines Mädchen. Es lief am Meer entlang und schien etwas zu suchen. Als es mich sah, blieb es stehen und sagte: ‚Hallo, Robbe! Kann es sein, dass der Ball, mit dem du da spielst, gar nicht dir gehört?'

‚Oh doch!', antwortete ich. ‚Den Ball habe ich neulich zum Geburtstag bekommen.'

Das kleine Mädchen blickte mich traurig an. ‚Ich hatte auch so einen Ball', sagte es. ‚Ich habe ihn gestern hier vergessen.' Es setzte sich hin und weinte.

Ich spielte weiter. Aber es machte mir keinen Spaß mehr. Endlich legte ich dem kleinen Mädchen den Ball in den Schoß und sagte: ‚Ich habe nicht die Wahrheit gesagt. Der Ball gehört dir. Ich habe ihn gestern hier gefunden und wollte ihn gern behalten, weil er so schön ist.'

‚Wir können zusammen damit spielen', sagte das Mädchen.

Und das taten wir. Tausend und einen Tag!"

Ein ungemütlicher Ritt

Die nächste Geschichte erzählt das Seepferdchen. Und diese Geschichte geht so:

„Im Wald hinter dem Meer lebte einmal eine kleine Hexe ganz allein in ihrem gemütlichen Häuschen. Das Alleinsein machte ihr nichts. Wenn sie jemanden sehen wollte, setzte sie sich auf ihren Besen und ritt los.

Einmal traf die kleine Hexe beim Pilzesammeln mitten im Wald einen Prinzen. Er saß auf einem stolzen Pferd, trabte zuerst den Weg entlang und galoppierte dann über die Wiese.

Die kleine Hexe fand das Pferd viel schöner als ihren Besen. Deshalb fragte sie den Prinzen: ‚Lässt du mich auch mal reiten?' Aber der Prinz sagte Nein.

Die kleine Hexe nahm ihren Korb und tat so, als mache sie sich auf den Heimweg. In Wirklichkeit versteckte sie sich aber im Gebüsch. Sie wartete, bis der Prinz sich in den Schatten einer großen Eiche legte, um eine Mittagspause zu machen. Sein Pferd hatte er vorher an einen Ast gebunden.

Kaum war er eingeschlafen, da kam die kleine Hexe hervor. Sie machte das Pferd los und schwang sich in den Sattel. Juchhu, schon ging es los!

Aber das Pferd bewegte sich ganz anders als ihr Besen. Es rüttelte und schüttelte die kleine Hexe tüchtig durch. Sie rutschte von einer Pobacke auf die andere. Schließlich konnte sie sich nicht mehr halten. Da fiel sie laut schreiend herunter. Mühsam rappelte sie sich auf und schlich nach Hause. Sie wusste jetzt: Ihr Besen war nicht so schön wie das Pferd, aber entschieden bequemer!"

Der kleine Pirat

Die letzte Geschichte erzählt die Schildkröte. Und diese Geschichte geht so:

„Übers Meer segelte einmal ein großes Segelschiff voller Piraten. Der jüngste und kleinste von ihnen wurde oft ausgelacht und beschimpft. Er war nämlich bei allem der Letzte. Ganz egal, ob die Piraten nun ein fremdes Schiff kaperten oder das eigene Deck schrubbten – der kleine Pirat wurde nie rechtzeitig fertig.

Eines Tages war der Kapitän es leid: Er steuerte eine einsame Insel an und setzte den kleinen Piraten dort aus. Das war sehr gemein.

Aber der kleine Pirat regte sich nicht weiter darüber auf. Er fand auf der Insel eine frische Quelle. Er fand Bananen und Kokosnüsse. Und schließlich fand er sogar einen Schatz, eine große Kiste voll goldener und silberner Taler.

Der kleine Pirat legte sich in die Sonne und sah abwechselnd auf das Meer und auf seinen Schatz. Beides blinkte sehr schön und erfreute sein Herz.

Eines Morgens sah der kleine Pirat in einiger Entfernung ein Fischerboot. Er überlegte eine Weile und band dann sein Kopftuch an einen langen Ast. Damit winkte er durch die Luft.

Es verging kaum eine Stunde, da sah ihn der Fischer und holte ihn mitsamt dem kostbaren Schatz an Bord.

Der kleine Pirat belohnte ihn gut, behielt aber so viel übrig, dass er sich an Land ein prächtiges Haus bauen konnte. Da saß er dann abends auf der Terrasse und dachte zufrieden: ‚Ich war bei allem der Letzte. Aber reich geworden bin ich schneller als alle anderen Leute!'"

Na dann – gute Nacht!

Papa Wassermann kommt nach Hause. Behutsam schließt er die Tür auf. Lautlos schleicht er den Flur entlang. Vorsichtig schaut er ins Kinderzimmer.

Ja, Melusinchen schläft. Aber nicht nur sie! Ihre zwölf Freunde schlafen auch. Alle haben es sich auf ihren Stammplätzen bequem gemacht. Sie atmen leise und lächeln im Traum.

Papa Wassermann schmunzelt. Es ist jeden Abend dasselbe! Immer noch schmunzelnd zieht er sich wieder zurück.

Bald darauf liegt er ebenfalls im Bett. Aber leider kann er nicht gleich einschlafen. Er denkt, dass es schön sein muss, wenn einem jemand zum Müdewerden noch eine Geschichte erzählt!

Eine Weile wälzt sich Papa Wassermann schlaflos in seinem Bett. Dann tastet er im Dunkeln auf seinem Nachttisch herum und macht das Radio an. Vielleicht hat er Glück. Vielleicht erzählt da gerade jemand eine Geschichte.

Tatsächlich! Aus dem Radio kommt eine Stimme. Eine sehr nette Stimme. Sie erzählt wirklich eine Geschichte. Und diese Geschichte geht so:

„Es war einmal ein Hering, der traf spät in der Nacht drei kleine Sardinen. Die drei kleinen Sardinen sagten: ‚Ach, lieber Hering, erzähl uns doch bitte eine Geschichte!' Da fing der Hering an: ‚Es war einmal ein Hering, der traf spät in der Nacht drei kleine Sardinen.' Die drei kleinen Sardinen sagten: ‚Ach, lieber Hering, erzähl uns doch bitte eine Geschichte!' Da fing der Hering an: ‚Es war einmal ein Hering …'" Na, bitte! Nun schläft Papa Wassermann auch.

Traumgeschichten von der Wilden Feuerwehr

Die wilde Wilde Feuerwehr

„Jetzt", sagt Rufus Rüssel, der Elefant, „sind wir eine richtige Feuerwehrtruppe."

„Und du bist unser Kommandant!", ruft Fred Ferkel.

„Was ist ein Kommandant?", blökt das Schaf Mac Wolle.

„Das ist der Chef, der sagt uns, wo wir löschen müssen", erklärt Willi, der schlaue Kater.

Die ganze Truppe sitzt um den großen Stammtisch im Wirtshaus zum Wilden Nilpferd. Der dicke Nilpferdwirt hat allen Feuerwehrleuten nach ihrer Übung ein Glas Limo spendiert.

„Und wenn der Komma…, Kommu…, na Rüssel eben …, auch nicht weiß, wo's brennt?", fragt Mac Wolle. „Dann weiß er aber, wo es gerade was zu feiern gibt. Und auf Festen ist die Gefahr groß, dass es schnell mal brennt!", ruft Fred Ferkel vorwitzig. „Außerdem ist Rüssel der Größte von uns allen und hat den längsten Rüssel."

„Und er kann am lautesten posaunen", quakt Gundi Gans.

„Ja", maunzt Willi, „Rüssel ist ein super Kommandant. Wenn wir mal den Feuerwehrschlauch vergessen haben, dann saugt er einfach eine Badewanne voll Wasser ein und löscht damit das Feuer."

„Klasse Idee!", findet auch Roland Raspel, der Igel.

Rüssel bekommt vor Freude ganz rote Ohren. „Dazu fällt mir doch glatt ein Reim ein", verkündet er stolz. „Oh nein!", schreien seine Freunde. Doch Rüssel legt schon los: „Bei Feuer, Wasser, Blitz und Rauch rollen wir aus den langen Schlauch. Bei Feuer, Wasser, Blitz und mehr hilft dir die Wilde Feuerwehr!"

STAMMTISCH
DIE
WILDE
FEUERWEHR

Feuerpopo

Es brennt, es brennt!", ruft Kommandant Rüssel und läutet wie wild die Feuerwehrglocke. Sofort kommt die ganze Mannschaft angerast.

„Zum Einsatz – fertig – los!", gibt Rüssel das Kommando. „Es geht um Sekunden!"

Wie der Blitz ziehen sich die Kameraden an. Und schon sitzen alle im Feuerwehrauto. Mit großem Trara düsen sie los. Doch unterwegs merkt Willi, der schlaue Kater, dass Fred Ferkel fehlt. „Stopp!", brüllt Rüssel. Er hält an, um Fred zu suchen. Plötzlich quiekt es aus dem Gebüsch: „Hilfe, Hilfe, es brennt, es brennt!"

Schnell klettern alle aus dem Auto und rollen den Schlauch aus. „Wasser marsch, aufs Gebüsch!", befiehlt Rüssel.

„Iiieeh!", quiekt es aus der Hecke und ein tropfnasser Fred Ferkel flitzt heraus. Rüssel ruft verdutzt: „Du warst das, Fred? Wo brennt's denn?"

Fred schüttelt das Wasser ab und schnieft: „Mein Popo brannte wie Feuer! Beim Kirschenpflücken bin ich mit der Leiter umgekippt und mitten in den Brennnesseln gelandet. Ich habe um Hilfe gerufen, aber dass ihr mich gleich ganz unter Wasser setzt, habe ich nicht gedacht. Jetzt ist mein Po echt gelöscht!"

Fred muss grinsen, die anderen lachen. Und Rüssel ist mal wieder nicht zu bremsen, als er lostrompetet: „Nirgendwo erlebst du mehr, als bei der Wilden Feuerwehr. Drum: Brennt dein Popo einmal sehr, ruf gleich die Wilde Feuerwehr!"

„Oh weh", meint Mac Wolle, das Schaf, „hoffentlich müssen wir jetzt nicht noch mehr feuerrote Popos löschen!"

Emilie Schildbürger

Am Sonntagnachmittag klingelt im Feuerwehrturm das Telefon. Rüssel hebt ab. „Hier ist die Wilde Feuerwehr. Wo brennt's?", fragt er.

„Hallo", antwortet eine leise Stimme. „Hier ist Emilie Schildbürger."

„Brauchen Sie Hilfe, sollen wir kommen?", fragt Rüssel. „Kommen?", erwidert Emilie. „Ja, kommt doch bitte in die Naschgasse 5. Wie viele seid ihr denn?", fragt sie noch.

„Sieben", antwortet Rüssel verdutzt, „wieso?" Aber Emilie hat schon aufgelegt.

Kommandant Rüssel bimmelt die Feuerwehrglocke. Die Mannschaft rast wie ein geölter Blitz in die Naschgasse hinunter. Unten rollen sie ihre Schläuche aus, aber es ist kein Feuer zu sehen. Eine alte Schildkrötendame steht lächelnd in der Haustür. „Entschuldigt bitte. Ich hatte so lange keinen Besuch mehr, aber solche Lust auf Kuchenbacken", lispelt Emilie Schildbürger verlegen. Sie öffnet die Tür. Von Weitem ist ein großer Tisch zu sehen, auf dem acht Teller, acht Tassen und zwei herrliche Kuchen stehen. „Kommt herein", lacht Emilie, „und greift zu!"

„Zum Kucheneinsatz – fertig – los!", ruft Rüssel und alle stürmen ins Wohnzimmer. Als alle satt sind, trompetet Rüssel: „Liebe Emilie, der Einsatz war so schön wie nie. Nächsten Sonntag zur gleichen Zeit stehen wir sehr gern bereit, werden wir dich gern besuchen und freuen uns auf deinen Kuchen!"

Seine Freunde halten sich genervt die Ohren zu, doch Emilie strahlt übers ganze Gesicht.

Schlauchdusche

Nach jeder Feuerwehrübung werden die Schläuche getrocknet. Das macht Roland Raspel, der Igel. Er hängt die Schläuche in die große Linde. Beim Spielen entdecken seine drei stachligen Töchter die Feuerwehrschläuche. „Wir klettern um die Wette!", jauchzt die Jüngste. Gesagt, getan. Plumps, fallen die kleinen Igel in die Wiese.

„Kommt, wir spielen Krankenhaus und nehmen die Schläuche zum Verbinden!", schlägt die mittlere Schwester vor.

Und schon verbinden sich die drei gegenseitig mit den Feuerwehrschläuchen. Plötzlich fällt der Ältesten ein: „Ob Papa wohl schimpft?"

„Ach was", meint die Jüngste darauf, „wir ziehen die Schläuche einfach jetzt schnell wieder hoch."

Abends rollt Roland die Schläuche ahnungslos ein. Am Sonntag früh ist Feuerwehrübung. Rüssel gibt das Kommando: „Wasser marsch!"

Potzblitz, aus tausend Löchern schießt das Wasser aus dem Schlauch! Alle werden pitschnass. „Das waren bestimmt meine Töchter!", schimpft Roland Raspel.

„Hey, das ist doch klasse", ruft Willi. „Ich montiere diese tollen Schläuche einfach an meinen Wasserhahn im Garten. Beim Gießen drehe ich dann nur noch den Hahn auf", lacht er. Und Rüssel reimt: „Wenn Roland Raspel vor Wut kocht, dann ist der Schlauch ganz arg gelocht. Wenn aus dem Schlauch Fontänen schießen, braucht Willi keinen Garten gießen!"

Roland verdreht die Augen und Willi düst mit den Schläuchen unterm Arm schnell los.

Regen bringt Segen!

Feuer, Feuer!“, ruft Henry, der kleine Bär aus dem Nachbardorf, aufgeregt. Er zeigt zum Waldrand. Der Wald steht in Flammen. Rüssel läutet sofort die Feuerwehrglocke. Fred Ferkel, Mac Wolle und Kater Willi rennen los.

Rumms, da stoßen sie zusammen. „Aua, mein Kopf!“, jammert Willi. Trotzdem setzt er sich ins Feuerwehrauto und fährt an. Versehentlich erwischt Willi den Rückwärtsgang. Kracks! Er rumpelt durchs Scheunentor. Langsam rollt der Wagen rückwärts den Berg hinunter. Willi sucht verzweifelt den richtigen Gang. Kracks – jetzt geht es vorwärts, aber die Schläuche rollen davon. Willi gibt Vollgas.

Peng!, da platzt der hintere Reifen. Gundi Gans schnattert heiser: „Ich sehe das Feuer, es hat schon fast Müllers Hof erreicht!“

Flink springen alle vom Wagen. „Die Schläuche sind weg“, ruft Rüssel verzweifelt. Da fängt es an zu regnen.

„Es schüttet wie aus Kübeln!“, freut sich Fred Ferkel.

Als der Regen aufhört, ist das Feuer gelöscht. Der Bauer kommt erschöpft vom Feld gerannt und jubelt: „Hurra, ihr habt meinen Hof vorm Feuer gerettet. Es lebe die Wilde Feuerwehr!“

Rüssel schaut verblüfft, dann fängt er an zu reimen: „Es half ein starker Regenschauer grad eben unserm Müller-Bauer. Und der Regen half noch mehr der wilden Wilden Feuerwehr!“

„So, das reicht für heute“, sagt Willi und zieht Rüssel zum Feuerwehrauto.

Die tollste Torte

„Morgen ist unser Dorffest", jubelt Rüssel. „Und es gibt wieder einen Preis für die beste Torte. Den holen wir für die längste Torte der Welt! An die Bleche – fertig – los!" Die ganze Nacht durch wird hart gearbeitet. „Oh weh", schnauft Roland Raspel früh am nächsten Morgen. „Wir haben die Schlagsahne ganz vergessen!"

„Die spritzen wir mit den Feuerwehrschläuchen auf die Torte. Das wird dann eine super Schlauchsahne!", witzelt Rüssel. „Schnell, an die Schläuche!", ruft er. Willi legt einen Schlauch in den Sahnetopf. Aber es kommt nichts aus dem Schlauch. „Die Sahne ist zu dick", jammert Rüssel. „Nö, du bist zu dick", quakt Gundi Gans. „Du stehst ja mit beiden Beinen auf dem Schlauch!"

Da kommt schon der Bürgermeister angefahren. Vor Schreck springt Rüssel vom Schlauch. Es macht ‚Poff!' und alle sind mit schneeweißen Sahneklecksen verziert.

Am meisten hat es den Bürgermeister erwischt. „Köstlich, diese Schlauchsahne!", sagt er verdattert und schleckt sich die Krawatte ab. Dann dürfen alle Festgäste die Torte aufessen. Im Handumdrehen ist sie verspeist. „Herzlichen Glückwunsch", sagt der Bürgermeister. „Die wunderbare Schlauchsahne-Torte war die längste und leckerste Torte. Sie verdient den ersten Preis!"

Rüssel strahlt und dichtet: „Die wilde Wilde Feuerwehr liebt das Tortenbacken sehr."

„Und das Tortenessen noch viel mehr", reimt Fred Ferkel weiter. „Fred, nicht du auch noch!", stöhnen die Freunde.

Kleine Katze in Not

Miauuuu ...“, maunzt Willis kleine Schwester Milli hilflos. Die kleine Katze sitzt im Pflaumenbaum und traut sich nicht mehr hinunter.

Rüssel läutet die Feuerwehrglocke. Die Mannschaft holt eine Leiter und das Sprungtuch. Sie rennen in Willis Garten. „Wir retten dich“, ruft Rüssel Milli zu. Schnell breiten die Feuerwehrfreunde das Sprungtuch aus. Rüssel ruft: „Spring, Milli, spring in das Tuch!“ Doch Milli traut sich nicht.

Rüssel überlegt. „Ich hab's“, ruft er. „Wir fahren unsere hohe Leiter aus. Dann kann Milli ganz bequem hinunterklettern!“ Gesagt, getan. Die Freunde fahren ihre große Feuerwehrleiter am Pflaumenbaum aus. Willi ruft: „Hab keine Angst, gleich wirst du gerettet, Milli!“ Doch genau in dem Moment, als die Leiter vor Millis Näschen auftaucht, erschrickt die kleine Katze – und springt auf den Apfelbaum. „Oh Milli!“, seufzt Willi. Das Schauspiel wiederholt sich – und Milli hüpft diesmal auf den niedrigen Kirschbaum. „Oh Milli!“, seufzt Willi. Schnell rücken die Freunde mit der Leiter zum Kirschbaum weiter, doch da springt Milli mit einem großen Satz vom Baum auf die Wiese. „Na, bravo!“, ruft Willi erleichtert. Und Rüssel reimt: „Hat Milli sich im Baum verstiegen, sodass sich alle Äste biegen: Die Wilde Feuerwehr hilft auch ihr – sie rettet ja fast jedes Tier!“ „Auweia!“, quakt Gundi Gans. „Deine Reime waren auch schon mal besser, Rüssel!“

Die badende Nilpferddame

Adelheid, die Nilpferddame, liebt ein warmes Bad über alles. Heute ist es wieder so weit. „Und das ist mein Proviant", lacht Adelheid und baut einen Berg Marmeladenbrote und drei Kannen Kakao vor sich auf. „Ist es nicht gemütlich hier, Adelheid?", sagt sie zu sich selbst und setzt ihre Kapitänsmütze auf. Sie dreht den Wasserhahn auf – und schläft ein. Während Adelheid von Kuchengebirgen träumt, plätschert das Wasser über den Rand ihrer Badewanne. Dann läuft es vom Flur in die Küche. Bald steht das ganze Haus unter Wasser …

Da klingelt bei der Wilden Feuerwehr das Telefon: „Hallo, hallo, das halbe Dorf steht unter Wasser!" Sofort steigt die Mannschaft in ihr Boot und rudert los. Die meisten Tiere sitzen auf ihren Hausdächern. Mittendrin schwimmt die schlafende Adelheid. Gundi Gans stellt sich auf den Bootsrand und kitzelt Adelheid mit ihren Schwanzfedern an der Nase. „Aufwachen!", schnattert Gundi.

„Hatschi", macht Adelheid und blinzelt verwundert. „Wie kommt ihr in meine Badewanne?", fragt sie.

„Wir stehen nicht in deiner Badewanne. Du bist eingeschlafen und hast vergessen, den Wasserhahn zuzudrehen!", entgegnet Gundi.

Und Rüssel reimt: „Die Gundi taucht ins Badezimmer. Sie dreht den Hahn zu, der läuft jetzt nimmer. Am Stöpsel zieht sie kräftig an, damit das Wasser ablaufen kann."

„Ein Hoch auf unsere mutige Feuerwehrfrau Gundi!", brüllt Kater Willi schnell, damit der Kommandant seinen Rüssel hält.

Seifenkisten-Rennen

Auf dem Dorfplatz stehen jede Menge Seifenkisten. „Liebe Freunde“, ruft Rüssel. „Ich freue mich, dass so viele bei unserem Seifenkisten-Rennen mitmachen. Und das mit so tollen Löschfahrzeugen.“

Max Möhre startet mit dem Modell „Karottenflitzer“. Der Karottenflitzer ist einfach und genial. Vater und Sohn Möhre haben sogar auf Bremse und Steuer verzichtet. Als alle Teilnehmer auf dem großen Viehberg startklar sind, schreit Rüssel: „Auf die Plätze – fertig – los!“

Max Möhre ist von Anfang an der Schnellste. Er flitzt schnurgerade den Berg hinunter. Poff! Er fährt so schnell, dass ein Heuballen am Wegrand von seinem Flitzer weggeschleudert wird. Auf einmal rast Max auf die Zuschauer los. Nichts wie weg hier!

Dann mäht er das Bushäuschen nieder und landet schließlich im Löschteich.

„Bin ich Sieger?“, fragt er grinsend, als er wieder auftaucht.

„Noch nicht ganz“, antwortet Rüssel. „Nächste Woche wird der Wettbewerb nämlich wiederholt“, verkündet er, „und zwar unter dem Motto: Wer baut das schnellste Löschfahrzeug, das auch bremsen und lenken kann? Denn“, so reimt Rüssel, „das schnellste Löschfahrzeug, kannst du dir schenken, wenn es nicht bremsen kann und lenken!“

„Na, solange du keinen Wettbewerb im Reimen gewinnen willst“, murmelt Max und schleicht davon.

Rutschbahn

„Puh, ist das eiskalt heute", brummt Willi, der mit Rüssel durch den Schnee stapft.

„Ja, ich glaube, es ist der kälteste Tag, den ich je erlebt habe", bestätigt Rüssel. Aus den Schornsteinen quillt dicker Rauch und die Schneeflocken funkeln wie kleine Spiegel. Auch Familie Schwein, die immer schnell friert, heizt ihren Ofen kräftig ein. Der glüht so stark, dass die Hitze langsam ein braunes Loch in den Fußboden kohlt. Kein Schwein merkt etwas und plötzlich brennt alles lichterloh!

Die Wilde Feuerwehr ist natürlich sofort zur Stelle und löscht, was das Zeug hält.

Die Schweinchen stehen an den Fenstern und quieken vor Angst.

„Oje, wir haben die Leiter vergessen! Wie holen wir die Kleinen bloß heraus?", schnattert Gundi Gans aufgeregt.

„Springt!", befiehlt Rüssel, aber die Ferkel trauen sich nicht. Da passiert es: Erst friert das Wasser im Feuerwehrwagen ein, dann wird der Schlauch steinhart, und plötzlich ist der gesamte Strahl bis zum Fenster rauf eine einzige Eisbahn. Und schwupp – rutschen die Schweinchen auf dem glatten Eisstrahl hinunter. Familie Schwein hat noch mal Schwein gehabt! Doch bevor sie sich bedanken kann, reimt Rüssel auch schon los: „Diese Rutschbahn, spiegelglatt, die Schweine heut gerettet hat. Sie ist viel schneller als 'ne Leiter und man rutscht damit viel weiter."

„Auweia!", grummelt Fred Ferkel, doch Familie Schwein klatscht begeistert Beifall.

Wespen

Mac Wolle hat einen Bienenstock und macht selbst Honig. Heute hat er alle Feuerwehrleute zum Essen eingeladen. „Tja", jammert Mac Wolle, leider gibt es bald keinen Honig mehr. Im Birnbaum hat sich nämlich ein Wespenschwarm eingenistet. Meine Bienen haben solche Angst vor den Wespen, sie trauen sich kaum noch in den Garten."

Gundi Gans hat eine Idee: „Wir halten eine qualmende Pfeife unters Wespennest. Das mögen Wespen absolut nicht. Dann hauen sie wieder ab! Wer traut sich?"

„Ich", ruft der furchtlose Fred Ferkel. Fred steigt mutig die Leiter hinauf. In der Mitte kracht eine Stufe. „Hilfe", schreit Fred, „ich falle!" Er purzelt hinab, die Leiter fällt um und zerbricht. Was nun? „Wir machen eine Räuberleiter", schlägt Willi vor. „Mac Wolle klettert auf Rüssels Schultern, Fred auf Mac Wolles und so weiter." Gesagt, getan.

Als Gundi Gans hinaufklettert, passiert es: Eine Wespe fliegt um ihre Nase. Gundi will sie verscheuchen, alles beginnt zu wackeln, und einer nach dem anderen plumpst in den Teich neben dem Birnbaum. Zuletzt platscht auch noch Rüssel in den Teich. Das Wasser spritzt meterhoch, dabei wird das Wespennest klatschnass. Das ist den Wespen zu viel! Sie fliehen auf Nimmerwiedersehen.

Rüssel trieft noch, als er losreimt: „Hast du Wespen in deinem Garten, brauchst du nicht sehr lang zu warten. Rufe gleich die Feuerwehr, die spritzt den Garten wespenleer!" Nach Rüssels Worten ist der Garten leergefegt, nicht nur die Wespen haben sich ganz schnell davongemacht…

Qualm bei Familie Gans

Gundi Gans watschelt wütend durch das Dorf. „Was ist denn los, Gundi?", fragt Rüssel.

„Ach", quakt Gundi, „Papa qualmt dauernd Pfeife. Das ärgert Mama. Sie telefoniert zu viel. Das nervt Papa – und sie streiten sich. Aber ich geh jetzt erst mal eine Runde schwimmen", meint Gundi, „das entspannt!"

In der Zwischenzeit ruft Gundis Mutter bei der Feuerwehr an: „Hilfe", quakt sie in den Hörer, „hier ist ganz dicker Rauch, ich glaube, es brennt bei Familie Gans."

Als die Wilde Feuerwehr anrückt, sieht Rüssel dicken Qualm aus dem Fenster dringen. Er schnappt sich den Feuerwehrschlauch und löscht ... Vater Gans samt seiner Pfeife.

„Das hast du von deinem ewigen Gequalme!", ermahnt Gundis Mama ihren Gatten, der tropfnass im Sessel sitzt.

Am nächsten Morgen kocht Mama Gans Kartoffeln. Der Topf steht auf dem Herd.

Gundis Mama sitzt im Wohnzimmer und telefoniert.

„Na warte", denkt ihr Mann, „dir werd ich's zeigen." Er dreht den Herd auf die größte Stufe – und wenig später qualmt der Topf. Schnell saust Papa Gans zum Glockenturm, läutet und schreit: „Bei uns brennt's!"

Nach diesem Einsatz der Wilden Feuerwehr sitzt Mama Gans pitschnass auf dem Sofa. Gundi berichtet den Kameraden später begeistert: „Seit eurem Einsatz hat Papa nie mehr Pfeife geraucht und Mama telefoniert nur noch ganz selten."

Da fällt Rüssel doch gleich ein Reim ein: „Holst du die Feuerwehr nur so zum Spaß, wirst du selber ganz schön nass."

„Und um den Schnabel ganz schön blass!", kichert Gundi.

Sturm

Heute bleibt ihr zu Hause, Tim und Tom, es ist viel zu windig zum Drachensteigenlassen. Draußen tobt ein richtiger Sturm", sagt Mama Magermilch, die Kuh, zu ihren beiden Söhnen.

Trotz Verbot schleichen sich die beiden mit ihren Drachen heimlich hinaus.

Wusch – da reißt der Wind dem Kleinen den Drachen aus der Hand.

Wusch – der zweite Drachen zerreißt in hundert Teile. Und der Wind wird immer stärker.

„Komm, wir gehen lieber wieder heim", keucht der kleine Tim, aber es ist zu spät. „Hilfe!", stöhnt Tom. „Der Wind weht uns weg!" Sie klammern sich am Weidenzaun fest. Kracks! – da bricht der Zaun und die beiden rollen wie Fußbälle über die Weide.

Inzwischen hat Mama Magermilch gemerkt, dass ihre Söhne verschwunden sind. Sie ruft die Wilde Feuerwehr an, die sich sofort auf die Suche macht.

„Dort sind die beiden!", brüllt Rüssel gegen den Wind. Er tritt mit voller Kraft die Bremse des Feuerwehrautos. „Der Wind ist zu stark. Wir müssen eine Kette bilden, damit wir nicht wegwehen", ruft er seinen Freunden zu. Tim und Tom halten sich an ihnen fest und klettern ins Auto. Gerettet!

Rüssel reimt: „Wirft ein Sturm dich einmal um, drückt dich zu Boden, macht dich krumm und wirbelt dich ganz doll umher, dann hilft nur eins: die Wilde Feuerwehr!"

Und Tim und Tom blöken einstimmig: „Wenn wir groß sind, gehen wir auch zur Wilden Feuerwehr!"

Opas Perücke

Rüssels Opa ist uralt. Aber er qualmt immer noch seine Zigarren. Sogar im Bett.

„Im Bett zu rauchen ist sehr gefährlich, da kann das Bett anbrennen und dann das ganze Haus!“, mahnt ihn Rüssel. Opa legt die Zigarre weg. Aber als Rüssel ins Bett gegangen ist, steckt Opa sich wieder eine Zigarre an und liest dabei Zeitung. Darüber schläft er ein.

In der Nacht wacht Rüssel auf und schnüffelt. „Was riecht denn hier so komisch?“, fragt er sich. Er geht in Opas Schlafzimmer. „Um Himmels willen, die Zeitung brennt!“, schreit Rüssel und rennt ins Bad. Dort pumpt er seinen Rüssel voll Wasser. Er rast zurück in Opas Zimmer und prustet mit aller Kraft das Wasser über das brennende Papier. Mit einem letzten Zisch ist das Feuer gelöscht.

Opa schläft seelenruhig weiter. Rüssel schnauft: „Gerade noch mal gut gegangen!“, und legt Opas Perücke, deren Haare angesengt sind, aufs Nachtkästchen.

Am Morgen wacht Opa auf und entdeckt die verkohlte Zeitung im Mülleimer. Er setzt seine Perücke auf und geht ins Bad. Rüssel putzt sich gerade die Zähne. Opa schaut in den Spiegel und meint verschmitzt: „Seit ich nicht mehr rauche und eine neue Frisur habe, sehe ich doch viel jünger aus, stimmt's?“

„Ja, stimmt“, lacht Rüssel, „und was für ein Glück, dass dein Enkel bei der Wilden Feuerwehr ist!“ Opa nickt – und Rüssel reimt zum Abschluss: „Manchmal taugt ein langer Rüssel und eine volle Wasserschüssel als wunderbare Feuerspritze – und das Löschen geht ganz spitze!“

Feuerwehrfest

Heute feiert die Wilde Feuerwehr ihr großes Feuerwehrfest. Es gibt leckeres Essen, Zitronenlimonade, lustige Spiele und der ganze Dorfplatz ist hübsch dekoriert.

„Dieses Mal", strahlt Rüssel, „leihen wir uns ein großes Feuerwehrauto mit Drehleiter von der Stadtfeuerwehr aus. An der Leiter hängt ein Korb, in dem man stehen kann. Jeder darf mal mitfahren!"

Das finden alle toll.

Am Abend fährt auch Waltraud Wurf, eine ältere Maulwurfdame, mit. Gerade ist die Sonne untergegangen und der Himmel ist glutrot. Langsam gleitet die Leiter mit Waltraud in die Höhe. Plötzlich schreit sie:

„Feuer – Feuer! Der Wald brennt!" Sofort rast die Wilde Feuerwehr los. Da entdecken Willi und Fred den knallroten Abendhimmel. „Tolles Licht", sagt Fred Ferkel, aber Waltraud ruft aufgeregt: „Da ist die Stelle. Der Himmel brennt!" Kater Willi flüstert Rüssel augenzwinkernd zu: „Also, zu löschen gibt es nichts, nur die Sonne brennt vom Himmel, aber das Feld da unten könnte etwas Wasser vertragen ..." Daraufhin posaunt Kommandant Rüssel: „Wasser marsch!"

Als der Sonnenuntergang vorbei ist, gibt Rüssel das Kommando: „Brand gelöscht, Einsatz beendet." Waltraud Wurf ist stolz darauf, dass sie zusammen mit der Wilden Feuerwehr den Wald „gerettet" hat. Und Rüssel reimt zum Abschluss: „Obwohl die Wilde Feuerwehr heut feiert, kam sie ganz schnell angeeiert." – „Das hat sich Rüssel aus dem Ärmel geleiert", gackert Gundi Gans frech hinter seinem Rücken.

Fantasiereisen zum guten Einschlafen

Mal ist es warm, mal ist es kalt

Der kleine Hund Benni liegt auf dem Rasen und döst in der Sonne. Benni fühlt sich wohl. Ihm ist mollig warm. Ist das gemütlich!

Doch plötzlich weht ein kühler Wind über den Rasen und verwuschelt Bennis Fell.

Benni öffnet die Augen, denn der kühle Wind hat ihn geweckt. Die Sonne ist hinter den Wolken verschwunden und hat ihre mollige Wärme mitgenommen. Und jetzt fängt es auch noch an zu regnen! Kalte Regentropfen fallen auf Bennis Fell.

Als der Regen aufhört, rennt Benni durch den Garten, damit ihm wieder warm wird. Puh, das ist ganz schön anstrengend!

Endlich verschwinden die dunklen Wolken und die Sonne kommt wieder heraus. Sie brennt auf Bennis Fell. Nun wird ihm sogar zu warm. Er braucht dringend eine Abkühlung und springt mit einem gewaltigen

Satz in den Gartenteich, dass es nur so spritzt. Die Goldfische schwimmen erschrocken davon. Benni japst. Brrr, das Wasser ist ganz schön kalt!

Benni krabbelt schnell aus dem kalten Wasser und schüttelt sich. Dann läuft er ins Haus und hüpft in sein kuscheliges Körbchen direkt neben der Heizung. Langsam trocknet die Wärme sein Fell und ihm wird wieder schön warm. Die Wärme hüllt ihn ein wie eine Decke und ihm fallen die Augen zu. Schlaf gut, Benni!

Bei Oma ist es gar nicht still

Heute übernachtet Lena bei Oma. Darauf hat sie sich die ganze Woche gefreut, aber jetzt liegt sie im Bett und kann nicht einschlafen. Erst dreht sie sich auf die rechte Seite, dann auf die linke. Schließlich legt sie sich auf den Rücken und zählt Schäfchen. Lena kann schon bis zwanzig zählen. Wenn sie bei zwanzig angekommen ist, fängt sie wieder von vorne an. Aber es hilft alles nichts.

„Oma!", ruft Lena. „Ich kann nicht einschlafen."

Oma kommt ins Zimmer. „Warum denn nicht?", fragt sie.

Lena überlegt. „Es ist so still hier. Ganz anders als zu Hause. Da höre ich immer die Stimmen von Mama und Papa im Wohnzimmer. Oder die Spülmaschine in der Küche. Oder die Autos auf der Straße. Oder den Fernseher. Aber hier höre ich gar nichts. Keinen Mucks. Wie soll ich denn schlafen, wenn es bei dir so still ist?"

„Hm“, macht Oma. „Das ist natürlich ein Problem. Aber vielleicht hast du einfach noch nicht richtig hingehört. So still ist es hier nämlich gar nicht. Mach mal die Augen zu und spitz die Ohren. Du glaubst gar nicht, was du dann alles hörst!“

Lena glaubt wirklich nicht, dass es hier viel zu hören gibt. Schließlich liegt Omas Haus mitten auf dem Land. Hier fahren keine Autos vorbei und einen Fernseher hat Oma auch nicht. Trotzdem schließt Lena die Augen und lauscht in die Stille. Sie lauscht so angestrengt, dass sie das Gefühl hat, aus ihren Ohren würden kleine Antennen wachsen, die jeden noch so leisen Ton auffangen. Und tatsächlich! Nach einer Weile hört Lena ein Gluckern. Das ist die Heizung, durch die warmes Wasser läuft. Außerdem hört sie den Wind, der um das Haus pfeift, einen Ast, der gegen das Fenster schlägt, und einen Hund, der im Nachbardorf bellt.

Das Knarren des Fußbodens, als Oma auf Zehenspitzen aus dem Zimmer geht, hört Lena nicht mehr. Denn sie ist schon längst eingeschlafen. Gute Nacht, Lena!

Quellenverzeichnis

Ingrid Kellner, *Geburtstag bei Familie Hase*
farbig illustriert von Ute Krause
© Loewe Verlag GmbH, Bindlach 1998

Ingrid Uebe, *Träum schön, kleine Nixe*
farbig illustriert von Sigrid Leberer
© Loewe Verlag GmbH, Bindlach 2001

Michael Schober, *Hier kommt die Wilde Feuerwehr*
farbig illustriert vom Autor
© Loewe Verlag GmbH, Bindlach 2000

Mal ist es warm, mal ist es kalt,
Bei Oma ist es gar nicht still
aus: Maja von Vogel, *Hörst du den leisen Streichelwind?*
farbig illustriert von Vanessa Paulzen
© Loewe Verlag GmbH, Bindlach 2004